**Alianza Cien**
pone al alcance de todos
las mejores obras de la literatura
y el pensamiento universales
en condiciones óptimas de calidad y precio
e incita al lector
al conocimiento más completo de un autor,
invitándole a aprovechar
los escasos momentos de ocio
creados por las nuevas formas de vida.

**Alianza Cien**
es un reto y una ambiciosa iniciativa cultural

TEXTOS COMPLETOS

**IMPRESO EN PAPEL ECOLÓGICO
(EXENTO DE CLORO)**

Luis Carandell

# Madrid

Alianza Editorial

Diseño de cubierta: Ángel Uriarte
Calle Alcalá esq. a Gran Vía, Madrid, 1929.
Fot. Archivo Anaya

© Luis Carandell
© Alianza Editorial, S. A. Madrid, 1995
Calle J. I. Luca de Tena, 15; 28027 Madrid; teléf. 393 88 88
ISBN: 84-206-4676-8
Depósito legal: B: 24084-95
Impreso en Novoprint, S. A.
*Printed in Spain*

«A mí me gusta Madrid por el ambiente», se oye decir con cierta frecuencia. Y aunque no se sabe exactamente lo que eso significa, hay que reconocer que es verdad, que lo bueno de Madrid es el ambiente. En sus cuatro siglos de vida capitalina, Madrid ha sido capital de muchas cosas. Capital de un imperio, capital de una nación, capital de la gloria, capital de la movida, capital europea de la cultura y hasta se la ha llamado «la capital del mundo». Pero nunca ha dejado de ser, si puede existir este título, la capital del ambiente.

Hay ciudades secretas, silenciosas, encerradas en su casa que son muy difíciles de conocer. Madrid no es de éstas. No quiero decir que sea fácil conocerla. Lo que digo es que ella da toda clase de facilidades para que se la conozca. Es una ciudad extravertida, callejera, que come fuera y sale de la oficina a tomar café, que habla por los codos y que padece el mal de claustrofobia.

Se ha dicho y repetido con razón que el ambiente o, si se quiere, la gracia y el encanto de la ciudad, reside en el hecho de que Madrid es un «invento», un artificio. A ninguna otra capital se le habría ocurrido nacer en un páramo y a orillas de un arroyo que, desde el tiempo en que se burlaba de él don Francisco de Quevedo, está aprendiendo a ser río.

Aquel príncipe Al Mundhir, hijo de Mohammed I y nieto de Abderrahman de Córdoba, que fundó aquí un castillo y le dio el nombre de Magerit, no fue, ni mucho menos, el primero que se inventó esta ciudad. Debió de encontrar aquí gente que decía ser «de Madrid de toda la vida» y que también habría llegado de otra parte.

Desde el remoto Paleolítico llegaron a las riberas del humilde Manzanares cazadores con armas de piedra que seguían a los rinocerontes y a los elefantes que entonces poblaban estos parajes. Huesos de estos animales, encontrados en lo que, pese a la modestia del río, constituye uno de los más importantes yacimientos de Europa, pueden verse en el Museo Arqueológico Nacional. Los cazadores, ni que decir tiene, siguen llegando a este ilustre cerro, aunque los rinocerontes y los elefantes que persiguen sean ahora más bien los del poder o los de la gloria.

*¿Un origen divino?*

La leyenda habla de otro inventor de Madrid, el príncipe Ocno Bianor, hijo de la diosa Manto, fundadora de Mantua y perteneciente, al parecer, a la estirpe de Hércules. En recuerdo de su madre, este príncipe fundó la Mantua Carpetana, invento más que improbable, pero no por ello menos real y madrileño. Un escritor madrileñista, don Federico Carlos Sainz de Robles, asegura, sin embargo, en una de sus obras que fue un canónigo catalán llamado Francisco Taraja el primero que contó o inventó la leyenda de

Madrid. Lo hizo en un libro impreso hacia 1560 y titulado *De origene et rebus hispanicae,* quizá con el sano propósito de dar a la que estaba a punto de ser capital del Imperio cierta divina prosapia. Según esta leyenda, la diosa o semidiosa Manto se unió con el rey de Toscana, Tiberio y de su matrimonio nació el príncipe fundador de Madrid. Con esta búsqueda de un origen mítico, el Madrid imperial quiso probablemente emular a la antigua Roma. No se olvide que en la Mantua itálica había nacido Virgilio, el poeta que dio forma definitiva a la leyenda del origen del Imperio Romano.

Del paso de los romanos, aunque no de la estirpe de los dioses, quedan muestras en la región de Madrid. En el Itinerario de Antonino, en las Tablas de Ptolomeo se mencionan poblados como Titulcia, que todavía existe; Varada, que quizás sea la actual Barajas; Vallis Egas, que corresponde a Vallecas; Vicus Alvari, la Vicálvaro de hoy, y también Miacum, en el que se ha querido ver un antecedente de Madrid. Otros dicen que se llamó Ursaria debido a la abundancia de osos que había en la región. ¡Bastaría que hubiese habido uno para poder encaramarse al madroño y formar así el escudo de la ciudad! Sea como fuere, es un hecho que por la actual Comunidad de Madrid pasaron numerosas calzadas romanas, y la ciudad más importante de la región era Complutum, la actual Alcalá de Henares.

Del Madrid romano, si es que existió, queda apenas una sospecha. Del *Ribat* o ciudad campamento que los musulmanes establecieron a orillas del Manzanares para proteger Toledo de las incursiones de los reinos cristianos del Norte son testimonio algunos fragmentos de muralla o bien los nombres de algunas calles y plazas: como la Puerta de Moros o la calle de la Morería. Los geógrafos árabes dicen que Madrid era ya en esa época «ciudad notable de Al Andalus». La llamaron Mayrit o Magerit, lo que podía ser adaptación del antiguo nombre de Matrice, que aludía a la abundancia de vías o *viajes* de agua en su subsuelo.

Por lo que cuentan los viajeros árabes, esta ciudad fundada con propósitos militares debió de estar rodeada de una buena zona agrícola dotada de un sistema de regadíos y fue zoco importante; con varios mercados, uno de ellos en lo que todavía se llama, recordando su origen, Plaza de la Paja. Al parecer, eran famosas en esa época las «ollas madrileñas» y las cañerías de barro cocido para la conducción de las aguas que fabricaban los alfares. Había herrerías y tenerías. Según se asegura, la vida cultural de la ciudad llegó a tener cierta importancia. Aquí nacieron literatos, historiadores, juristas y científicos, el más famoso de los cuales fue Abul Qasim Maslama que se hacía llamar, imagino que no sin cierto orgullo, Al Mayriti, El Madrileño; fue estudioso del astrolabio y traductor de Ptolomeo y sus tratados fueron vertidos por la Escuela de Traductores de Toledo en el reinado de Alfonso X el Sabio.

*Madrid, castillo famoso*

Magerit debió de tener varias mezquitas que, después de la conquista cristiana en el año de 1085, fueron convertidas en iglesias. Hasta hoy quedan en la ciudad dos templos,

San Pedro el Viejo y San Nicolás de los Servitas, que conservan torres mudéjares que acaso pudieron ser minaretes de mezquita. Pero la construcción más importante del Madrid musulmán fue la alcazaba, edificada en el mismo emplazamiento que luego ocuparon el alcázar de los Austrias y el actual Palacio Real. Era «el castillo famoso» sobre el que, en el siglo XVIII, don Nicolás Fernández de Moratín había de inventar —en Madrid todo son inventos— la leyenda de la llegada de Rodrigo de Vivar, el Cid Campeador, a la ciudad para alancear un toro:

> Madrid, castillo famoso
> que al rey moro alivia el miedo,
> arde en fiestas en su coso
> por ser el natal dichoso
> de Alimenón de Toledo.

El alcaide Aliatar, amante de la hermosa Zaida, ordena la celebración de las fiestas, en el curso de las cuales sale un toro tan bravo que derriba a los jinetes que salen a alancearle. Ni el mismo Aliatar se atreve a lidiarlo. En ese momento un soldado de guardia en la muralla entra en el patio del castillo y anuncia que:

> Sobre un caballo alazano,
> cubierto de galas y oro,
> demanda licencia urbano
> para alancear un toro,
> un caballero cristiano.

Aliatar no quiere dejarle entrar, pero Zaida le convence de lo contrario diciendo que en las fiestas solemnes nada se debe negar. Rodrigo detiene el caballo delante de los balcones de Zaida y

> La mora se puso en pie
> y sus doncellas detrás.
> El alcaide que lo ve,
> enfurecido además,
> muestra cuán celoso esté.

Sigue una preciosa descripción de la lidia de un toro a caballo y de su muerte alanceado por el Cid. Aliatar, ardiendo de envidia, se acerca a él y:

> En ronca voz, castellano,
> le dice: con más decoros

> suelo yo dar de mi mano,
> si no penachos de toros,
> las cabezas de cristianos.

Cuando Rodrigo de Vivar se dispone a contestar a las amenazas del alcaide, se escucha en el monte de Leganitos, entre la Moncloa y el Soto, la trompetería de los soldados que el Cid ha traído consigo y que se disponen a atacar la ciudad si tarda en salir de ella más tiempo del necesario. El alcaide, temeroso del asalto y de que Rodrigo tenga partidarios dentro de la ciudad, disimula su furor y le deja salir. El romance termina con los versos

> Y es fama que a la bajada
> juró por la cruz el Cid
> de su vencedora espada
> de no quitar la celada
> hasta que gane a Madrid.

*El Callejón del Gato*

No debió de llevar mucho tiempo, si hay algo de verdad en el invento de Moratín, la celada puesta el invicto Rodrigo de Vivar, porque, al poco tiempo, las tropas de su rey Alfonso VI tomaron la ciudad. De uno de los asedios que Magerit sufrió por aquella época data otra leyenda que explica por qué a los madrileños les llamaban y a veces aún les siguen llamando «gatos». Fue por un soldado que trepó con extraordinaria agilidad por la muralla ayudándose con una daga que metía entre las piedras. Desde entonces, él y su familia tomaron el nombre Gato por apellido. Entre las calles de Núñez de Arce y de la Cruz, junto a la Puerta del Sol, está el que se llama Callejón del Gato. En uno de sus establecimientos comerciales hay dos grandes espejos deformantes de cuerpo entero, cóncavo el uno y convexo el otro. Los viandantes se paran delante de ellos para ver su imagen que toma la forma de un don Quijote o de un Sancho Panza, según cual sea el espejo elegido. Esta calle está dedicada en realidad a don Juan Alvarez Gato, ilustre caballero y discreto poeta de la corte de Juan II, descendiente del famoso soldado trepador de murallas.

No es el de este callejón el único gato que hay en el callejero de Madrid. En el cruce que forman las calles Noviciado, Amaniel, Ponciano y Travesía del Conde Duque se forma un breve espacio que los antiguos llamaban Plazuela del Gato, aunque ahora ha sido olvidada esta denominación. Según dice Pedro de Répide en su libro *Las Calles de Madrid,* proviene del hecho de que, cuando aquel lugar era una selva donde había abundante caza, fue capturado allí un gran gato montés. Con su piel se hicieron unas botas que el Cardenal Cisneros regaló al Gran Capitán. Al parecer, las botas tenían una cualidad: se parecían a las que usaba el Emperador Carlomagno en sus campañas. Pero también tenían un inconveniente horrible: el de que, dice don Pedro, «todos los gatos que las olían hacíanlas sufridoras de tales expansiones que llegaron a oler harto excesivamente, con la natural indignación de su hazañoso poseedor, quien acabó por regalárselas a un criado, el cual se las vendió a un francés».

Quizá debido a esta tradición gatuna de la Villa de Madrid, el caso es que, hasta hace pocos años, no había en el mundo ciudad más gatera que la capital de España. En los interiores del Madrid de hace tan sólo veinte años nunca faltaba el gato, sentado en el planchero o en la mesa camilla con la imperturbable majestad de un monarca asiático. La sustitución del gato por el perro como animal de compañía es un fenómeno muy reciente. Algunos lectores recordarán que, en los años sesenta, había en la calle de Prim, junto al Paseo de Recoletos, un palacete abandonado que la gente conocía como la Casa de los Gatos porque centenares de ellos vivían allí y los vecinos acudían a darles de comer. El gato ha dado y da todavía nombre a establecimientos comerciales madrileños. Uno de los más famosos cafés literarios de Madrid donde tenían tertulia Benavente y otros escritores era «El Gato Negro», en la calle del Príncipe. Y, para remontarnos a épocas anteriores, un madrileño tuvo que ser, fue Lope de Vega quien escribiera el poema satírico burlesco titulado *La Gatomaquia*, que narra las bodas de Mizifuz y Zapaquilda y los celos de Marramaquiz, gato insolente.

*Patria de todos*

Muchos ingenios participaron en la invención de Madrid, pero el gran inventor de la capital que hoy conocemos fue el rey Felipe II. Se la inventó sin querer. No dictó nunca decreto o pragmática alguna declarando a Madrid capital de las Españas. Hay quien asegura que fue el deseo del rey de estar cerca de El Escorial lo que hizo que la corte pusiera en esta ciudad sus palacios y sus oficinas. Se exagera cuando se dice que Madrid, antes de ser capital, no era otra cosa que un burgo sin importancia, un poblachón manchego como se diría más tarde. No es así. Los reyes de la dinastía de los Trastámara residían con frecuencia en Madrid y convocaban Cortes en la ciudad. Así lo hicieron Enrique III, Juan II, Enrique IV y los Reyes Católicos. El rey Fernando convocó en San Jerónimo el Real las Cortes para la jura de su hija doña Juana, y el Cardenal Cisneros fijó en Madrid su residencia al ser nombrado regente.

La presencia del rey Felipe en el Alcázar de Madrid y en el monasterio de San Lorenzo de El Escorial atrajo a muchos nobles y eclesiásticos que antes vivían en Toledo o en otros lugares de España. Con ellos llegaron monjes y monjas, comerciantes, abogados, médicos, menestrales, artesanos, poetas y escritores, además de celestinas, putas, pícaros y personajes del hampa de todas las provincias del Imperio. Desde 1561 y en muy poco tiempo la ciudad triplicó su población y los ingenios de la corte, unos nacidos aquí y otros llegados de fuera, contribuyeron a hacer creer a propios y extraños que Madrid era una de las ciudades más extraordinarias del mundo. Y su invento hizo que en verdad llegara a serlo.

A partir de 1561, el año fundacional de la capitalidad, Madrid empezó a ser una ciudad de aluvión y no ha dejado de serlo hasta hoy. Ha sido comparada con un campamento en que todo el mundo parece estar de paso. Un embajador inglés del siglo XVII escribía, por ejemplo, que Madrid era como un asentamiento cortesano, un paraje donde hombres de toda condición han edificado sus casas para poder llevar a cabo sus gestiones.

Pero no con la intención de acabar sus días, sino sólo sus gestiones.

Ramón Gómez de la Serna dijo con toda razón que ésta es «una ciudad sin metecos». Los metecos eran los extranjeros de Grecia. A diferencia de las ciudades griegas, en las que la palabra meteco significaba un estigma y también a diferencia de la mayoría de las ciudades actuales de España y de fuera de España, en Madrid no se preguntó nunca a nadie «¿y usted, de dónde es?». Es una ciudad sin forasteros, quizá porque todo el mundo es forastero en Madrid, e incluso aquellos que se dicen «madrileños de toda la vida» son también, con pocas excepciones, hijos o nietos de gentes que vinieron de fuera. Las manifestaciones de xenofobia que esporádicamente hemos conocido en los últimos tiempos contra trabajadores inmigrantes han merecido la repulsa unánime de los ciudadanos. Las actitudes discriminatorias, y cuanto más si se expresan por medios violentos, son radicalmente contrarias a la tradición acogedora de esta ciudad de la que don Pedro Calderón de la Barca pudo escribir:

> Es Madrid patria de todos
> pues en su mundo pequeño
> son hijos de igual cariño
> españoles y extranjeros.

Tan hospitalaria es Madrid que sus hijos llegan a quejarse de recibir de la ciudad peor tratamiento que obtienen los llegados de fuera. Un personaje de una obra de Tirso de Molina dice:

> A extranjeros trata bien
> si mal a sus naturales.

Y de lo mismo se lamenta en unos versos Alonso de Castillo Solórzano:

> Señora Doña Madrid,
> sepa que estoy ofendido
> que para mí sea madrastra
> la madre de tantos hijos.

En la lista de los presidentes de gobierno o, como se decía antes, del Consejo de Ministros de los dos últimos siglos, los políticos nacidos en Madrid son minoría y buen número de alcaldes de la Villa fueron y son hasta hoy llegados de otros lugares de España. Desde el Siglo de Oro, la cultura española ha tenido su centro en Madrid y ha sido hecha lo mismo por madrileños de nacimiento como Lope de Vega, Quevedo, Calderón o Tirso de Molina entre los escritores, o Claudio Coello o Pantoja de la Cruz entre los pintores, como por muchos otros que vinieron de fuera: don Luis de Góngora, Baltasar Gracián, Luis Vélez de Guevara o el mismo Miguel de Cervantes. O bien, el pintor de la luz de Madrid, Diego Velázquez, o los arquitectos Juan de Herrera y Juan Gómez de Mora. Lo mismo sucedió en épocas posteriores, cuando, ya bajo los Borbones, llegaron a Madrid para enriquecerlo arquitectos italianos como Juvara, Sacchetti y Sabatini, que trabajaron aquí junto a los españoles Juan de Villanueva y Ventura Rodríguez, o bien músicos como Scarlatti o Boccherini. Y tampoco era de Madrid Francisco de Goya, el mejor intérprete, junto con Velázquez, de la vida y del espíritu de la ciudad. Nadie debió de preguntarle nunca a don Benito Pérez Galdós si era o no de Madrid. El hecho es que fue don Benito, nacido en Las Palmas de

Gran Canaria, quien nos dejó la mejor crónica del Madrid de su tiempo. Los ejemplos podrían multiplicarse así hasta hoy y se demostraría que ser de Madrid consiste muy a menudo en no ser de Madrid.

*Tierra de promisión*

Madrid fue en todo tiempo, para muchos, «tierra de promisión», y aún lo sigue siendo. Venir a Madrid, claro, no significa tener el éxito asegurado. Ya en el siglo XVII, la ciudad debió de proporcionar no pocos desengaños a los que a ella llegaban para hacer carrera o fortuna. De su personaje Critilo decía Baltasar Gracián en *El Criticón*: «Salió de Madrid como se suele: pobre, engañado, arrepentido y melancólico».

Parafraseando el dicho «De Madrid al cielo», al que a veces se añade: «y un agujerito para verlo», un ingenio moderno escribió:

>     De Madrid al cielo
>     porque es notorio

que va al cielo quien sale
del purgatorio.

El emporio que siempre fue Madrid atrajo desde siempre y sigue atrayendo a hombres de negocios. Lo cuenta con mucha gracia, de un modo caricaturesco, el autor de las *Escenas Matritenses*, don Ramón de Mesonero Romanos, al hablar del traspaso de un famoso establecimiento que hubo en Madrid, «El Parador de la Higuera», por abdicación dice, de su propietario el Tío Cabezal II:

«Al anuncio del traspaso de la venta madrileña presentáronse, primero, el señor Juan de Manzanares, alias Tío Azumbres, traficante de la Villa de Yepes, pensando colocar al frente del negocio a su yerno Chupacuartillos, casado con su hija, la Moscatela. Llegó también para la subasta el infeliz Farruco Bragado, natural de Mondoñedo, el valenciano Vicente Rusafa; el catalán Gaspar Forcalls, natural de Cambrils, vestido de pana verde con alpargatas de cáñamo y medias de estambre azul; el maragato Alfonso Barrientos, con anchas bragas del siglo XV; el andaluz Currillo el de Utrera; los aragoneses Francho el Moro y Lorenzo Moncayo, vecinos de la Almunia; el extremeño Juan Farinato y el buen Juan Cochura, castellano viejo, que fue quien finalmente se llevó el gato al agua gracias a los manejos de Anselma, moza de mesón, a la que tomó por esposa.»

Quizá fuera la diversidad de orígenes de los habitantes de Madrid lo que hacía que los abuelos de los actuales madrileños llamaran a su ciudad Los Madriles. Uno no se imagina que se pudiera hablar de Los Parises, Las Lisboas, Las Romas, Los Moscús o Los Estocolmos. Los nombres de estas ciudades siempre se dicen en singular y sólo el de Madrid se puede decir en plural. Y es que en esta ciudad puede haber quinientos mil andaluces, cien mil vascos, cincuenta mil catalanes, no se sabe cuántos gallegos y más segovianos, conquenses o toledanos que los que hay en Segovia, Cuenca o Toledo.

«Cómo reluce, ay, cómo reluce la gran calle de Alcalá, cuando suben y bajan los andaluces.» El cante por caracoles dejó fijada para siempre la personalidad de uno de Los Madriles, el Madrid que en el fondo de su alma es secretamente andaluz; el Madrid capital del cante flamenco, con tabernas donde tomar vino fino y pescado frito y salas de fiestas a las que la gente va a bailar sevillanas. Un Madrid que es, en cierto modo, imitación de Sevilla y que se consuela de vivir a orillas del Manzanares pensando que se trata del Guadalquivir.

De los vascos de Madrid solía decirse que controlaban «la cartera y los manteles». Se aludía así al importante número de banqueros y de dueños de restaurantes que había en la capital. Hoy están en todas las profesiones, lo mismo que los asturianos de Madrid, de quienes antes podía decirse jocosamente que eran todos serenos y se llamaban Francisco, y hoy ejercen de grupo de presión. Madrid es una, pero en ella hay muchos Madriles formados por gentes que llegaron a este rompeolas de las Españas, como dijo Antonio Machado, y que mantienen sus costumbres y una cierta fidelidad a sus lugares de origen. Creo que se puede decir que, a diferencia de otras ciudades del mundo que integran a los que en ellas viven haciéndoles olvidar de dónde vinieron, Madrid prohíja a los forasteros dejándoles que sigan siendo lo que eran cuando llegaron.

*El Diablo Cojuelo*

No sólo para las personas, también para las modas y para toda clase de novedades tiene Madrid las puertas abiertas. Lo expresaba así Tirso de Molina:

> Como Madrid está sin cerca,
> a todo gusto da entrada.
> Nombre hay de Puerta Cerrada
> mas pásala quien se acerca.

Haberse olvidado de cerrar la puerta es la principal característica de la manera de ser de Madrid. Cualquiera puede entrar en Madrid y pasearse por ella como Pedro por su casa. Por entrar, entró hasta el demonio en varias formas, y Madrid es la única ciudad del mundo que levantó un monumento al Diablo. Es la estatua de El Angel Caído, obra del escultor madrileño Ricardo Belver, que está en el Retiro y tiene sus devotos que, según se dice, acuden de cuando en cuando y en secreto a rendirle homenaje.

Pero el ángel que se precipitó del Cielo al Averno por decir *non serviam* no es el único demonio de Madrid. Hubo otro que era más bien un pobre diablo. Contó su historia a comienzos del siglo XVII don Luis Vélez de Guevara, escritor y dramaturgo nacido en Écija y que pasó gran parte de su vida en Madrid. Según don Luis, la existencia del Diablo Cojuelo se descubrió porque un día un estudiante llamado don Cleofás Leandro Pérez Zambullo salió de su buhardilla huyendo de la justicia por los tejados a causa de un delito que al parecer no había cometido. En una buhardilla contigua, perteneciente a un astrólogo, don Cleofás encontró una redoma dentro de la cual había un diablejo que le suplicó que lo sacara de su encierro. Interrogado por el estudiante, el diablo le declaró que no era ni Lucifer, ni Satanás, ni Belcebú, ni Belial, ni Astarot, que eran, todos ellos, diablos de «mayores ocupaciones». «Demonio más por lo menudo soy», dijo el prisionero, «aunque me meto en todo; yo soy las pulgas del infierno, la chisme, el enredo, la usura..., yo traje al mundo la zarabanda, el déligo, la chacona, el bullicuzcuz, el guiri-guirigay, el zambapalo, la mariona, el avilipinti... el carcañal, el guineo, el colorín colorado...»

Con estas palabras el demonio quería decir que él era responsable de haber llevado a la corte músicas, cantares y bailes de rufianes, así como burlas, engaños, juegos de envite y prestidigitaciones. Le preguntó don Cleofás cómo se llamaba y él respondió que todos le conocían por el Diablo Cojuelo. Y explicó por qué: «Fui el primero de los que se levantaron en la rebelión celestial y de los que cayeron y todo; y como los demás dieron sobre mí, me estropearon, y así quedé más que todo señalado de la mano de Dios y de los pies de todos los diablos».

Compadecido don Cleofás del miserable estado en que se encontraba el Cojuelo, rompió la redoma y le sacó de aquella cárcel, de aquel «Argel de vidrio». El diablo, que se sepa, no es agradecido, pero este diablejo sí lo fue. Por arte diabólica, el Cojuelo y don Cleofás «salieron por la buharda, como si los dispararan de un tiro de artillería, no parando de volar hasta hacer pie en el capitel de la torre de San Salvador, mayor atalaya de Madrid, a tiempo que su reloj daba la una». Para los interesados en este diabólico turismo diré que la iglesia de San Salvador se encontraba en lo que es hoy la Plaza de la Villa. Desde aquella altura y para que el estudiante pudiera ver «todo lo más notable que a estas horas pasa en esta Babilonia española», el Diablo Cojuelo levantó «a los techos de los edificios, por arte diabólica, lo hojaldrado» descubriendo «la carne del pastelón de Madrid como entonces estaba, patentemente, que por el mucho calor estivo, estaba con menos celosías y tanta variedad de sabandijas racionales en esta finca del mundo que la del Diluvio, comparada con ella, fue de capas y gorras».

Madrid tiene una historia diabólica y, en contrapartida, tiene también una historia celestial. Es ciudad de grandes pecados y de grandes arrepentimientos y golpes de pecho. Paradigma de los pecadores arrepentidos en el siglo XVI fue un noble señor, no por italiano, pues era natural de Módena, menos madrileño, que se llamó Jacobo de Grattis, más conocido por el nombre de Caballero de Gracia. Para conquistar a una dama que se le resistía preparó un bebedizo o elixir de amor y, cuando iba a dárselo a la doncella de la dama para que se lo administrara a su dueña, escuchó una voz del cielo reprochándole su mala acción. Según se asegura, se fue a confesar con Simón de Rojas, fraile trinitario que andando el tiempo sería beatificado, y se ordenó sacerdote. A partir de entonces el Caballero de Gracia dedicó todos sus bienes a obras pías y fundó el convento que lleva su nombre. En este convento profesó, siglos más tarde, la famosísima sor Patrocinio, la «monja de las llagas», que se llamó en el siglo Dolores Quiroga y que tuvo una gran influencia en la corte de Isabel II. Sor Patrocinio tenía arrebatos místicos y contaba que el demonio la había sacado de su celda llevándola al camino de Aranjuez. Otra noche la llevó al Puerto de Guadarrama y al volver la dejó en el tejado del convento, de modo que las monjas tuvieron que salir a gatas por una buhardilla para recogerla.

*Devociones madrileñas*

El Madrid devoto tiene su itinerario, y una de sus más importantes estaciones es la de la visita que se hace los primeros viernes de mes a la iglesia de Jesús de Medinaceli. Especial importancia tiene en esta devoción el primer viernes de marzo, cuando, desde la víspera, se forma ya la cola y la gente espera que se abra la iglesia a las doce de la noche del jueves al viernes. El desfile dura veinticuatro horas y es frecuente que haya que prolongar la visita hasta la madrugada del sábado. Ante la iglesia de Jesús de Medinaceli se forman ese día dos colas, la de los devotos, que viene de Atocha y sube por la calle de Lope de Vega, y la más corta, de los miembros de la cofradía, que suelen llevar documento que les identifica y un escapulario, y de las personas con invitación, que sube desde la Plaza de Neptuno por la calle de Cervantes. Es tradicional pedirle a Jesús de Medinaceli tres favores de los que es creencia general que concede al menos uno.

Hasta hace relativamente poco tiempo había la costumbre en Madrid y en toda España de llevar el hábito del color correspondiente a un Cristo, a una Virgen o a un Santo para cumplir determinadas promesas que se le habían hecho. En la calle de las Postas todavía hay un establecimiento que se llama «La Casa de los Hábitos», donde se ofrece el muestrario de las telas con que se hacen los vestidos de mujer o camisas de hombre que tienen que llevarse durante el tiempo prometido. Uno de los hábitos mas populares es el de color morado, llamado de Nazareno, que corresponde precisamente al de Jesús de Medinaceli. Pero hay también el del Carmen, el de San José, el de Santa Teresa y otros.

El itinerario del Madrid pío pasa por la Plaza de Santa Catalina de los Donados, donde hay una capilla con las paredes forradas de exvotos escritos en lápidas de mármol. Fueron colocadas allí por los fieles que de esta manera agradecían al Santo Niño del Remedio los favores recibidos. Esta capilla, situada muy cerca de la calle del Arenal y de la Plaza de la Ópera, no es muy antigua, pues fue inaugurada en el último año del siglo pasado, pero la imagen del Niño Jesús que allí se venera es de gran devoción entre los madrileños.

Toda capital que se precie tiene que haber sido o ser escenario de prodigios sobrenaturales. Para no ser menos que Nápoles, que en el pasado fue también capital de uno de los reinos hispánicos, Madrid conserva en uno de sus conventos la sangre de un santo que se licua en una determinada fecha. En Nápoles, como se sabe, se trata de la sangre de San Genaro. En Madrid, de la de San Pantaleón. Este santo, nacido en Nicomedia, ciudad de la Turquía actual, fue médico de profesión y sufrió martirio por ser cristiano a comienzos del siglo IV. Sus reliquias se conservan en una iglesia de Venecia, pero su sangre fue repartida por diversos templos de Italia. Una de las ampollas que la contenían llegó a Madrid en 1611 por donación de una familia noble, una de cuyas hijas profesó en el convento de la Encarnación de Madrid. La sangre de San Pantaleón, que está colocada en un relicario y que durante todo el año tiene un aspecto oscuro y sólido, se licua el 27 de julio de cada año. Al anochecer de la víspera de ese día comienza la licuefacción que se mantiene hasta la noche del 27. Es creencia general que el año en que esto no sucede anuncia alguna gran desgracia, y de ahí que sean multitud los fieles que acuden a comprobarlo al Convento de la Encarnación.

## *Hallada en la muralla*

De muy especial interés para una posible guía del Madrid devoto es la historia del hallazgo de las imágenes de la Virgen más veneradas en la ciudad. Quiere la tradición que la que se había de llamar Virgen de la Almudena fuera traída originalmente al lugar que más tarde se habría de llamar Madrid por un discípulo de Santiago llamado San Calógero. Se cree que esta primitiva imagen que, si es que realmente existió, debía de ser de estilo bizantino, se perdió en el incendio de una iglesia madrileña en tiempos de Enrique IV y fue sustituida por la actual, que es una talla de finales del siglo xv.

El nombre de Almudena, que llevan muchas chicas de Madrid, alude al hecho de que la imagen fue hallada en el muro de la Almudayna o ciudadela. Así sucedió en efecto cuando el rey Alfonso VI, al mando de cuyas tropas estaba, según se dice, el Cid Campeador, tomó Madrid a los árabes. La imagen de la Virgen había sido escondida en la muralla cuando el ejército de Tarik entró en España en el año 711.

El hallazgo de la imagen se produjo por los años de 1083 o, para otros, del 1085, pero, según la leyenda, no fue cosa fácil. Al parecer, sólo una familia madrileña sabía que una imagen de la Virgen permanecía oculta en la muralla. El rey Alfonso VI, muy empeñado en encontrarla, mandó llamar al último superviviente de esa familia, una mujer llamada María. Por tradición familiar, ella conocía el secreto, pero no sabía exactamente el lugar de la muralla donde se encontraba la imagen. La esposa del rey castellano, doña Constanza, era hija de Enrique de Francia y le pidió a María que describiera la imagen según el relato que de ella le había hecho su familia. La reina encargó entonces a un pintor que interpretara la narración de María e hiciera un retrato de la Virgen escondida. Como princesa de Francia, mandó poner en el cuadro una flor de lis y, así, la Virgen de la Flor de Lis fue la primera representación de Nuestra Señora que hubo en el reconquistado Madrid.

Para encontrar la imagen, el rey Alfonso mandó hacer una procesión alrededor de la muralla. El cortejo en el que marchaba el rey acompañado por varios obispos, capellanes, nobles, caballeros, soldados y gente del pueblo de Madrid, había recorrido ya casi todo el recinto sin encontrar señales del lugar donde podía estar la imagen. Al llegar a la Cuesta de la Vega, vieron con asombro cómo se derrumbaba parte de la muralla y aparecía la hornacina donde estaba la Virgen con las velas todavía encendidas. Actualmente, la imagen se encuentra en la catedral que lleva su nombre, inaugurada por el Papa Juan Pablo II en 1993.

La Virgen de la Almudena es la Patrona de Madrid. La de Atocha fue designada Patrona de la Corte. Su santuario está ligado, desde Carlos I y Felipe II, a los reyes de España, que solían acudir a él todos los sábados para el canto de la Salve. En el claustro de la iglesia de Atocha está el Panteón de

Hombres Ilustres con monumentos funerarios de políticos como Sagasta, Cánovas, Ríos Rosas, Canalejas, Dato, así como un templete llamado «Mausoleo de la Libertad» al que se trasladaron restos de hombres ilustres de las Cortes de Cádiz y del primer tercio del siglo XIX.

*Las resucitadas de Atocha*

La imagen de la Virgen de Atocha tiene orígenes legendarios. Por tradición se creía que era una talla realizada por el evangelista San Lucas y por Nicodemo en vida de la Virgen María y que había sido traída a España por el apóstol San Pablo. Pertenece al grupo de las Vírgenes Negras y puede fecharse en el siglo XIII. Esta imagen de transición del románico al gótico es la más antigua que se conserva en Madrid. Su nombre se debe a que fue encontrada en un atochar o espartizal por un caballero del pueblo de Rivas del Jarama llamado Gracián Ramírez, que combatía contra los musulmanes en las inmediaciones de Madrid. Temeroso de que su familia cayera en poder de sus enemigos y muy en el estilo de la vieja concepción de la honra caballeresca, Gracián Ramírez degolló a su mujer y a sus dos hijas. Pero cuando, después de la reconquista de Madrid, fue a orar ante la Virgen de Atocha en acción de gracias, se encontró con que las tres mujeres habían resucitado y conservaban en el cuello la huella de la espada que Gracián había empleado para matarlas. Esta leyenda generó en tiempos posteriores una abundante literatura, con versos de Salas Barbadillo y Lope de Vega y dramas de Francisco de Rojas y, ya en el siglo XIX, de Hartzenbusch.

En la Basílica de Atocha había otra imagen milagrosa, la del llamado Cristo del Zapato, copia de la que se conserva en la ciudad de Luca y que fue regalada por un embajador italiano. Este Cristo estaba calzado con chapines de plata y un día desapareció uno de ellos. La justicia apresó a un hombre sospechoso de haberlo robado y él declaró que había sido el mismo Cristo quien le había dicho que se lo llevara al ver la grandísima necesidad en que se encontraba. Lo que sucedió después se parece a la famosa historia del Cristo de la Vega de Toledo, que sirvió de testigo en el pleito que una dama entabló contra un capitán de los Tercios de Flandes que había prometido casarse con ella al volver a España. De la misma manera que el Cristo de la Vega, al que el juez tomó declaración, confirmó que era verdad lo que la dama decía, el Cristo de Luca, interrogado también, asintió con la cabeza a la pregunta del juez de si era cierto que había regalado el zapato de plata al presunto ladrón.

Mucho más moderna es la devoción que se profesa a otra Virgen cuyo nombre llevan muchas mujeres de Madrid: la Virgen de la Paloma. En los últimos años del siglo XVIII unos muchachos encontraron en un corral un cuadro medio roto que representaba a la Virgen de la Soledad y se lo regalaron a la tía de uno de ellos, que era una mujer muy beata llamada Isabel Tintero. El corral donde el cuadro fue encontrado estaba en una calle llamada de la Paloma, porque allí se crió una de estas aves, que durante una procesión acompañó a una imagen de la Virgen. Isabel Tintero limpió el cuadro y lo colocó en el portal de su casa, improvisando allí un pequeño altar. Empezaron a acudir los vecinos y la Virgen obró varios milagros. La fama de la Virgen de la Soledad, ahora ya llamada Virgen de la Paloma, se extendió por Madrid y llegó a Palacio. La reina María Luisa, esposa de Carlos IV, encomendó a la Virgen a su hijo, el futuro Fernando VII, que estaba enfermo de escorbuto y que sanó milagrosamente. Actualmente, el cuadro se encuentra en la iglesia de San Pedro el Real, popularmente conocida por la Paloma, junto a la calle de Toledo. Es tradición, cuando nace una niña, que la primera salida de la madre con su hija sea para visitar la iglesia de la Paloma y presentar a la Virgen a la recién nacida.

*Un rústico Patrón*

El Madrid devoto tiene varias singularidades, pero la mayor de todas ellas es la de tener a un labrador por Santo Patrón. Hoy ya no se diría aquello de «Viva Madrid que es mi pueblo» que aún repetían los abuelos de los actuales madrileños. Pero sigue siendo cierta la afirmación de Camilo José Cela cuando escribió que Madrid está a medio camino «entre Navalcarnero y Kansas City». Aún pueden verse desde algún rascacielos del centro los tejados árabes de la ciudad vieja que parecen de un pueblo más que de una capital. Pero en lo que más se ve la nostalgia agraria de esta ciudad convertida en urbe es en la constante devoción y admiración que aquí inspiró siempre el rústico Isidro. Tan devotos fueron los madrileños de su Santo Patrón que se celebraron fiestas en su honor desde siglos antes de que fuera iniciado el proceso de su canonización.

Isidro Merlo y Quintana, que así se llamaba nuestro Santo, nació a finales del siglo XI, poco antes o poco después de que Alfonso VI conquistara Madrid. Al parecer, su familia vivió fuera de las murallas, en un lugar próximo a la Puerta del Sol, quizá por donde se encuentra ahora la calle de Bordadores. Según todos los testimonios, fue Isidro un gran madrugador. Antes de ir al trabajo visitaba trece iglesias de la villa y algunas ermitas de sus alrededores. Algunos envidiosos le acusaban ante sus amos por gastar más tiempo en la oración que en el trabajo. Pero ellos replicaban que no había agricultor que cogiera más trigo en toda esta tierra. La verdad es que para esto contaba con cierta ayuda del cielo, porque si, por ejemplo, iba al molino con un saco de grano medio vacío, al hacer la molienda salía tanta harina que no cabía en el costal.

Isidro hacía milagros agrarios como por ejemplo resucitar a un asno que había sido atacado por un lobo, hacer manar agua de una piedra o permitir que una liebre se salvase de la persecución de unos galgos. También obró milagros mayores, como resucitar a la hija de su señor, Juan de Vargas, o salvar de la muerte a su propio hijo que se había caído a un pozo haciendo subir el nivel de las aguas hasta el brocal. La predilección de los poderes celestiales por este humilde labrador se vio sobre todo el día aquel en que, estando él en oración, otros dicen que en realidad echaba una siesta, dos ángeles que conducían una yunta de bueyes blancos terminaron de arar su predio.

Casó Isidro con una mujer de Caraquiz, cerca de Torrelaguna, que se llamaba María

Torribia y que con el tiempo llegaría a ser Santa María de la Cabeza. Parece ser que a esta señora se le contagió el don de obrar milagros que en tal alto grado tenía su marido. Un día, cuando los esposos se disponían a pasar el Jarama para dirigirse a una ermita, vieron que el río venía muy crecido. María obró entonces un prodigio que hay que calificar de madrileñísimo: arrojó su mantilla sobre las aguas y así pudo el matrimonio cruzar el río a pie enjuto.

En la calle del Doctor Letamendi, antes conocida por Costanilla de San Justo o también calle del Tentetieso, puede verse todavía la casa de don Juan de Vargas, el más famoso de los ricos hacendados a los que Isidro sirvió. Mucha gente suele llamar a este señor don Iván de Vargas, pero esto se debe a una mala lectura de la antigua grafía. El actual edificio, del siglo XVII, se construyó en el solar donde debió de encontrarse la antigua casa. Una lápida en la fachada recuerda que allí vivió San Isidro.

Debió de morir el santo labriego por los años de 1170, siendo enterrado en el cementerio de San Andrés. Se apareció a varias personas, dándoles a entender que lo que él quería era estar enterrado en el interior de la iglesia de este nombre. La traslación se hizo en abril de 1212, encontrándose su cuerpo incorrupto. Al poco tiempo, visitó la tumba de Isidro el rey de Castilla Alfonso VIII y, al ver el santo cuerpo incorrupto se postró de rodillas y dijo «que aquel era el mismo milagroso pastor que se le había aparecido y conducido su ejército por las asperezas de Sierra Morena la víspera de la batalla de las Navas de Tolosa». Y regaló un arca de madera decorada con pinturas para que en ella se depositara el cuerpo del santo. Desde entonces se han hecho diversas traslaciones de la reliquia. Se llevó, por ejemplo, a la casa del pueblo toledano de Casarrubios del Monte, donde el rey Felipe III había caído enfermo a su regreso de Lisboa, en 1609. Actualmente, el cuerpo incorrupto de San Isidro se encuentra en la basílica de la calle de Toledo que lleva su nombre. Periódicamente el sepulcro se abre para ser venerado por los devotos.

El benéfico influjo de Isidro hace que Madrid, aunque tenga vicios metropolitanos, siga teniendo virtudes rurales. Alguien escribió que Madrid es una aldea sobre la que se construyó un palacio. Era exagerar bastante, pero hay mucho de cierto en los versos de don Nicolás de Moratín, que dice:

> Los soberbios palacios
> con que, oh Madrid altiva, te engrandeces,
> ocupan los espacios
> anchos que en tus niñeces
> los arados rompieron tantas veces.

*Corte y pueblo*

Lo notable de esta ciudad es la pervivencia de su carácter popular, que en cierto modo podría llamarse también pueblerino, en fuerte contraste con su condición de corte y capital que ha pasado en medio siglo de uno a cuatro millones de habitantes. El «ilustre cerro» de que hablaba Ortega paga así tributo a la carpetana tierra que lo circunda. Corte y villa a la vez, esta dualidad encontró expresión en los dos grandes pintores que mejor supieron captar la personalidad de Madrid. Velázquez pintó la corte y pintó también la luz de Madrid en los colores del paisaje del Guadarrama que él podía contemplar desde la galería del viejo alcázar, donde tenía su estudio. La elegancia de Madrid pasa por Velázquez. Goya, pintor cortesano también, pero que miró a la corte con ojo escéptico y burlón, es sobre todo el gran pintor del pueblo de Madrid. La entraña de la ciudad queda explicada en estos dos grandes artistas. Y hay que acudir a ellos constantemente para comprender las dos almas que en ella conviven.

Para ver el Madrid popular no hay que apartarse de la normalidad de la vida cotidiana. No se circunscribe a determinados barrios, a determinados ámbitos, sino que está presente por todas partes en la vida de esta ciudad que es a la vez corte y pueblo. En pocas ciudades se mantienen abiertas desde el siglo XVIII posadas como las que todavía existen en la Cava Baja. O tiendas con rótulos de sabor rural como «Venta de tripas y sacos», «Se vende mimbre», «Huevos frescos de Castilla. Se reciben diariamente. La primera casa en huevos», «Gran lechería. Leche de vaca vista ordeñar. Para niños y enfermos»,

«Salón de peluquería. Se corta el pelo a señoritas», que se encuentra uno paseando por Madrid.

Veladores de mármol, bancos corridos, decoración de azulejos multicolores, mostrador de cinc..., las tabernas y tascas de Madrid ofrecen el ambiente auténtico de un pasado que no se deja influir por los caprichos de una moda. Su rasgo esencial es el de una incondicional fidelidad a su origen. Si las cosas se hicieron siempre así, no hay ningún motivo para hacerlas de modo diferente, parecen decir los oficiantes de estos pequeños santuarios del Madrid popular cuya tradición, las más de las veces centenaria, se transmite de padres a hijos. Y una parroquia incólume, dinástica también, mantiene con su fidelidad estos reductos en que Madrid quiere seguir siendo Madrid.

Aunque la destrucción ha sido grande en estos años, es notable comprobar el gran número de tabernas que siguen abiertas, gozando de creciente aceptación entre gentes que saben apreciar el valor de las cosas verdaderas. Sucede a menudo que estas tabernas carecen de nombre y la gente las conoce por el número de la calle en que están situadas. Éste es el caso de la taberna comúnmente llamada «El 2 de Sagasta», en cuyo rótulo, sobre fondo rojo, dice simplemente «Vinos». La fundó Pedro López en el año 1900 y desde entonces pertenece a la misma familia. Una de las más bonitas tabernas de Madrid, con preciosos azulejos y el techo decorado con frescos, es la de «Sierra», en la Plaza de Chueca. Gran pérdida para los amantes de las tascas representó el cierre de un establecimiento de la calle de Hortaleza llamado «Los Pepinillos» por la especialidad a que venía dedicándose desde su fundación. Su interior estaba lleno de barriles de pepinillos y cubas de vino, y ofrecía una viva lección del arte de decorar sin pretenderlo.

*Comer en Madrid*

Por lo que se refiere a las tascas que sirven comidas, Madrid ofrece una variedad extraordinaria. Restaurantes de solera, aunque con ambiente de tasca, son «Casa Ciriaco», en la calle Mayor, fundada a principio de siglo;

«Casa Paco», en la de Segovia, famosa por sus excelentes platos de carne, o «Salvador», en Barbieri, decorada con fotografías de toreros. Más familiares resultan «La Puebla», en Príncipe de Vergara, decorada con azulejos en su interior y donde hay que dejarse aconsejar por su dueña, Mary Luz; «La Tasca Suprema», en Argensola, con especialidades gallegas y asturianas; o «Casa Vacas» en la Cava Alta, que forma parte de la vieja posada donde suele parar algún mielero de la Alcarria cuando viene a Madrid a vender su producto.

Una de las tabernas con más solera de Madrid es «Casa Ricardo», en Fernando el Católico. Y quizá la más bellamente decorada, con una preciosa portada de azulejos, sea «La Zamorana», en la calle Galileo. Famosísima es también «Casa Labra», junto a la Puerta del Sol, donde el 2 de mayo de 1879, un grupo de trabajadores, presidido por Pablo Iglesias, careciendo de libertad para reunirse y asociarse, fundó el Partido Socialista. «Carmencita», en la calle Libertad, remonta su fundación a 1854. Antigua también, aunque no tanto, es la «Tienda de Vinos», en la calle de Augusto Figueroa, a la que solía acudir don Manuel Machado y otros poetas y escritores. Pero la taberna de más rancia solera de Madrid está en la calle Mesón de Paredes, junto a la plaza Tirso de Molina, y lleva el nombre de su fundador, «Antonio Sánchez». Los frescos que decoran el interior de la taberna, y que representan a toreros de la época, son de mediados del siglo XIX. Antonio Sánchez solía decir a parroquianos y amigos que él era «tabernero, pintor y torero»; lo primero, por tradición de familia; lo segundo, porque era discípulo de Zuloaga, que era asiduo de la taberna, y lo tercero, porque había tomado la alternativa de manos de Ignacio Sánchez Mejías y de las paredes del local penden las testuces de los toros que mataron él y otros lidiadores. Se conserva además una excelente colección de cuadros pintados por Antonio Sánchez. En el mismo establecimiento podrán los interesados adquirir el libro *Historia de una Taberna* que dedicó a la casa el escritor Antonio Díaz Cañabate.

Hace algunos años pareció que decaía el gusto por los establecimientos tradicionales madrileños y algunos de ellos cerraron o se modernizaron. Recientemente, se han abierto restaurantes, cervecerías y tabernas con la clásica decoración de azulejos o tratando de reproducir el ambiente tradicional. Uno de los mayores logros en este sentido fue la creación de la Taberna del Alabardero en las inmediaciones de la Plaza de Oriente.

En materia de restaurantes, Madrid tiene una oferta insuperable. No es exagerado decir que aquí pueden probarse casi todas las especialidades del mundo. Sería interminable hablar pormenorizadamente de los restaurantes de Madrid. Quedaría incompleta, por muy numerosa que fuera, cualquier lista que quisiera hacerse. Pero vale la pena mencionar los dos restaurantes más antiguos de Madrid. El primero, situado en la calle de Cuchilleros, es la «Antigua Casa Sobrino de Botín», fundada nada menos que en 1725. El segundo, «Lhardy», en la Carrera de San Jerónimo, fue abierto por el suizo Emilio Huguenin en 1839 y mantiene la decoración original.

Las especialidades gastronómicas estrictamente madrileñas pagan tributo a la manchega tierra donde la ciudad se asienta. Lo extraordinario de Madrid es que, además de ser capital de tierra adentro, ha conseguido por sus méritos el título de primer puerto de mar de España. En las entradas de la ciudad suele haber algún establecimiento de los que llevan el nombre de «Cocedero de marisco» que por su nombre y su concepto ofrece un notable contraste con el paisaje ocre y cárdeno de la Meseta.

*La nostalgia del mar*

De los siete mares le llegan diariamente a Madrid millón y medio de kilos de pescado y marisco para satisfacer la fuerte vocación marinera, la marítima ansiedad de esta ciudad mesetaria. Las marisquerías, los restaurantes con acuarios de peces y crustáceos vivos, las tascas del marisco popular mantienen el ambiente portuario de Madrid. Su ruido más entrañable es el que producen los clientes al pisar restos de nécoras y esqueletos de gambas, eco íntimo de la honda nostalgia del mar.

Madrid tiene una diosa terrestre, la Cibeles, que es tan de aquí que Ramón Gómez de la Serna pudo decir de ella que era «la Lola, como quien dice». Bajando por el Prado y después de pasar el Cuartel General de la Armada a cuya puerta montan la guardia los marineros, se encuentra uno con la verdadera divinidad de Madrid, el dios Neptuno, que le ha arrebatado el nombre de la plaza a su verdadero titular, el mismísimo don Antonio Cánovas del Castillo.

Cuentan que, en tiempos de Felipe II, se intentó unir Madrid con Lisboa a través del Manzanares, el Jarama y el Tajo. El proyecto fracasó debido sobre todo a que el humilde río de Madrid es el paradigma del «quiero y no puedo» fluvial. Canalizado, hoy, y represado, cría en sus purificadas aguas peces y patos, pero, en la época en que ese proyecto se concibió era un cauce seco por el que discurría un modesto arroyo. Un arroyo que se llamaba río, según don Luis Vélez de Guevara, «porque se ríe de los que van a bañarse en él».

Mientras Madrid fue castillo moro o burgo manchego, el Manzanares satisfizo mal que bien las necesidades de los madrileños. Cuando fue proclamada capital de dos mundos se vio su insuficiencia. Para acabarlo de arreglar, Felipe II mandó construir sobre el río un desmesurado puente, la Puente Segoviana, obra del gran Juan de Herrera. Era una obra necesaria, teniendo en cuenta las crecidas que sobrevenían en años de lluvia, como aquellas que describe Vicente Espinel en su *Vida del escudero Marcos de Obregón*. Los ingenios de la corte, sin embargo, se tomaron a chacota la desproporción que el Puente de Segovia, y más tarde el de Toledo, construido en el siglo XVIII, guardaban con el mísero caudal del río. Nunca bajó por él mucha agua, pero sí mucha literatura.

«Charco ambulante», lo llamó Castillo Solórzano; «Manzanarillos» y «arroyo con mal de piedra», lo bautizó Lope de Vega. Quevedo lo satirizó en una letrilla:

> Más agua trae en un jarro
> cualquier cuartillo de vino.

Don Luis de Góngora, cordobés que nunca se llevó bien con Madrid, dedicó al Manzanares el envenenado soneto que comienza:

> Duélete de esa puente, Manzanares,
> mira que por ahí dice la gente
> que no eres río para media puente
> y que ella es puente para muchos mares.

y termina con este inclemente diagnóstico sobre la miseria del río:

> Bebióme un asno ayer y hoy me ha meado.

En un famoso soneto, Lope hace que el Manzanares se queje de lo inmensamente que sobre él se ha construido:

> Quítenme aquesta puente que me mata,
> señores regidores de la villa,
> miren que me ha quebrado una costilla
> que, aunque me viene grande, me maltrata.

Las orillas del Manzanares fueron siempre lugar de esparcimiento para las gentes de Madrid. «Es pobre en agua, pero riquísimo en mujeres», escribió un viajero italiano, el conde Fulvio Testi, que visitó la ciudad en tiempos de Felipe IV. «Es el más merendado y cenado de cuantos ríos hay en el mundo», escribía Vélez de Guevara. Ventura de la Vega, mucho tiempo después, seguía ironizando a su costa:

>que de sed mueren los olmos
>que sus orillas guarnecen
>y que, él mismo, al agua extraño,
>pide paraguas si llueve.

*«Navegable a caballo»*

Los viajeros extranjeros se contagiaron de este espíritu satírico. Alejandro Dumas contó que había ofrecido al Manzanares el medio vaso de agua que él no se había bebido. Teophile Gautier dijo que, durante su estancia en Madrid, estuvo buscando el Manzanares y no lo encontró; y un embajador alemán, el conde de Rehebiner, consoló a los madrileños diciendo que el Manzanares era el mejor río del mundo porque era «navegable a caballo».

Esta ciudad que surgió de la nada a orillas de un río que, por decirlo parafraseando a Francisco de Quevedo, no es ni la Mosa, ni el Rin, ni el Tajo, ni el Danubio, es una abigarrada y notable mezcla de muchas cosas diferentes. Históricamente, Madrid es, por este orden, moro, manchego, austríaco, francés, americano y también madrileño. A los turistas llegados de fuera o a los muchos madrileños que no conocen su ciudad valdrá la pena mostrarles los fragmentos de murallas árabes del siglo ix. El mejor conservado de ellos se encuentra junto a la Cuesta de la Vega en un amplio espacio convertido en una plaza dedicada al fundador de Madrid, el emir Mohammed I. Entre la calle de Bailén y la actual Plaza Mayor estaba la primitiva Magerit, que, si no mantiene ninguno de sus primitivos edificios, conserva casi íntegramente el urbanismo del primitivo conjunto mudéjar, con pequeñas plazas como la del Alamillo o la de la Paja, que debió de ser la más importante de la ciudad, y calles que llevan evocadores nombres medievales. El Madrid moderno ha rendido tributo a sus fundadores con la construcción de no pocos edificios de estilo neomudéjar, entre los que destacan las Escuelas Aguirre, el edificio del diario *ABC,* el Colegio de Nuestra Señora de Loreto, llamado las Ursulinas, o la Plaza de Toros de las Ventas.

La arquitectura del Madrid de los Austrias, con muros de ladrillo, cantoneras y dinteles de granito y tejados de pizarra con preciosos chapiteles, da a Madrid una particular elegancia. En la Plaza Mayor, obra de Juan Gómez de Mora, completada por Juan de Villanueva después del incendio de 1790, estuvo el centro de la ciudad en la época de los Austrias. Allí se celebraba lo mismo una corrida de toros que un auto de fe o una representación teatral. Aquí tuvieron lugar, por ejemplo, las fiestas con motivo de la beatificación de San Isidro o las de la proclamacion de Felipe IV como rey de España. Y en la misma plaza se cumplió la sentencia de muerte dictada contra don Rodrigo Calderón.

Sin ser ya el centro de la ciudad, ahora puede decirse que Madrid tiene muchos centros, la Plaza Mayor sigue siendo un lugar de encuentro de los madrileños. Allí se celebran conciertos y obras de teatro y se inician las fiestas de San Isidro y de los Carnavales. Nunca faltan grupos de jóvenes cantando al pie de la estatua del rey Felipe III, y las terrazas de la Plaza, en el verano, se llenan no sólo de turistas, sino de familias con niños, esos niños madrileños que asombran a los forasteros porque corretean hasta altas horas de la madrugada.

El Madrid de los Austrias tiene preciosos edificios como el Convento de la Encarnación o el de las Descalzas Reales, con un extraordinario museo de pintura en el que se conservan obras de Tiziano, Rubens, Murillo, Ribera o Zurbarán. En el interior de las Descalzas Reales y en su zona de clausura hay una pequeña huerta para uso de las monjas donde, al decir del escritor don José del Corral, se cultivan las lechugas más caras del mundo, porque el convento se encuentra en el centro comercial de Madrid.

Del Madrid de los Austrias no hay que ver solamente edificios monumentales, como las iglesias de San Ginés o del Sacramento, la Casa de la Villa o la antigua Cárcel de Corte, hoy sede del Ministerio de

Asuntos Exteriores; o bien junto a la iglesia de San Andrés, la llamada Capilla del Obispo con el maravilloso retablo de Francisco Giralte. Hay que fijarse también en las casas de vecindad con fachadas de estuco color ocre y balcones de forja. Éste es el Madrid que conocieron Miguel de Cervantes, Lope de Vega, Calderón de la Barca o Francisco de Quevedo. De estos y de otros escritores quedan recuerdos en el llamado barrio de Cantarranas, que queda junto al Paseo del Prado y la Carrera de San Jerónimo. Se da, por cierto, la circunstancia de que la casa de Lope de Vega, que puede visitarse, se encuentra en la calle de Cervantes; mientras que en la calle que lleva el nombre de Lope de Vega está el convento de las Trinitarias, donde se dice que fue enterrado el autor del *Quijote*.

*«Son mis amores reales»*

Éste es el Madrid donde tuvo lugar el episodio de los amores del conde de Villamediana, misteriosamente asesinado en la calle del Arenal. Por los mentideros de la corte se decía que el conde, que era un exquisito poeta, estaba enamorado de la reina Isabel, esposa de Felipe IV. En los días precedentes, el conde se había paseado por las calles de Madrid con un mote en el escudo que decía: «Son mis amores reales». Cuentan que el rey, cuando lo supo, dijo aludiendo a los reales de vellón, la moneda de la época: «Pues yo se los haré cuartos». Sea o no cierto que Villamediana tuviera amores con la reina o que el rey fuera vengador de la ofensa, la verdad es que en Madrid nadie dudó de ello. Don Luis de Góngora, gran amigo del conde, escribió esta décima que corrió de boca en boca por toda la ciudad:

> Mentidero de Madrid,
> decidme, ¿quién mató al conde?
> Ni se sabe ni se esconde
> mas, el caso discurrid.
> Dicen que le mató el Cid
> por ser el Conde lozano;
> disparate chabacano,
> la verdad del cuento ha sido
> que el matador fue Bellido
> y el impulso, soberano.

La llegada de los Borbones al trono de España en el siglo XVIII marca otro de los grandes momentos del desarrollo urbanístico de Madrid. En la Nochebuena de 1734 un incendio destruyó el viejo y ya destartalado alcázar de los Austrias. Felipe V mandó llamar al arquitecto más importante de la Europa de la época, Filippo Juvara, el cual concibió un grandioso proyecto que no llegó a realizarse. A su muerte en 1736, su discípulo Giovanni Battista Sacchetti hizo los planos del actual Palacio Real, en el que trabajaron arquitectos italianos como Sabatini y españoles como Ventura Rodríguez. El palacio fue terminado por Carlos III, que habitó en él desde 1764. En su decoración intervinieron grandes pintores como Mengs, Tiépolo, Giaquinto, Bayeu y otros.

Felipe V, Fernando VI y, sobre todo, Carlos III, que se ganó el titulo de «el mejor alcalde de Madrid», embellecieron la ciudad, dándole la prestancia propia de una corte europea. Urbanísticamente hablando, su gran obra fue el acondicionamiento del Prado Viejo, desde lo que es hoy la Plaza de la Cibeles hasta Atocha, siguiendo el curso del arroyo Abroñigal Bajo, llamado así porque en sus orillas crecían abróñigos o ciruelos silvestres. En el siglo XV, el límite de la ciudad estaba en la Puerta del Sol. Los Austrias la extendieron hasta el Prado, un lugar agreste al otro lado del cual estaban el monasterio de los Jerónimos y el palacio del Buen Retiro, que fue destruido en su mayor parte en la época de la invasión napoleónica. A finales del siglo XVII, este paraje, poblado de árboles y fuentes, era ya lugar de esparcimiento para los madrileños. Lope de Vega, Calderón y otros autores se refieren a él, y el Conde de Villamediana satiriza a los elegantes que se paseaban por aquel lugar con los versos

> Llego a Madrid y no conozco el Prado
> y no le desconozco por olvido
> sino porque me dicen que es pisado
> por muchos que debiera ser pacido.

*El Madrid ilustrado*

En el reinado de Carlos III se situaron en el Prado instituciones científicas como el Gabinete de Ciencias Naturales, obra de Juan de Villanueva, que hoy alberga el Museo del Prado; el Jardín Botánico, al que se trasladó la colección de plantas que Felipe II había mandado reunir en Aranjuez, ampliándola con las que trajeron a España las expediciones científicas del siglo XVIII; el Hospital General en Atocha, obra de Hermosilla y Sabatini, hoy transformado en el centro de Arte Reina Sofía. Y, detrás del Botánico, en el Cerrillo de San Blas, el Observatorio Astronómico.

La canalización del Abroñigal permitió crear en el Prado Viejo un paseo que, en el siglo XIX, sería considerado como uno de los más elegantes de Europa. Y lo era, sobre todo, «a causa de la asombrosa concurrencia de gente que acude allí tódas las tardes entre las siete y media y las diez». La frase es de Théophile Gautier, que estuvo en Madrid con ocasión de su famoso *Voyage en Espagne,* a mediados de los años cuarenta del pasado siglo. Los madrileños iban al Salón del Prado, comprendido entre Cibeles y Neptuno, «a ver y ser vistos». «En el paseo», dice Gautier, «había tanta gente que uno tenía dificultades para sacar el pañuelo del bolsillo». Estaba dividido en tres espacios acotados por setos para que no se confundieran las clases sociales. La gente distinguida se paseaba por la parte más próxima a la calzada por la que circulaban los coches de caballos y los jinetes. Dice Gautier con gracia: «Siempre resulta honorable para un peatón saludar al ocupante de un coche». Ese lugar privilegiado del paseo se llamaba «París», en un tiempo en que hacía furor en todos los aspectos, la moda francesa.

Se debe a la reina Isabel de Braganza, segunda esposa de Fernando VII, la creación del Museo del Prado. A instancias suyas, el rey mandó reunir las colecciones reales en el edificio que Juan de Villanueva había construido para Gabinete de Ciencias Naturales. El museo fue inaugurado en 1819, un año después de morir la reina. La pinacoteca, enriquecida desde entonces, es seguramente la primera del mundo en pintura antigua. No necesitaré ponderar su importancia y su belleza y transcribiré tan sólo el elogio que un escritor madrileño, Juan García Hortelano, hizo del Museo del Prado: «Mientras pueda entrar por una de sus puertas, podré, a unos metros de la Cibeles, entrar en todos los reinos, pasar de Madrid al cielo y a los infiernos con sólo empujar un torniquete, porque Madrid (no nos engañemos) es el Museo del Prado; y quien tenga la oportunidad de vivir en Madrid, tiene la posibilidad, con tal de que sea algo cosmopolita, de habitar en la capital del universo mundo».

Madrid es desde hace mucho tiempo una de las capitales mundiales de la pintura no sólo por el Museo del Prado, también por otros muchos museos, entre los que debe mencionarse especialmente el de Bellas Artes de San Fernando. Y esa capitalidad no ha hecho más que enriquecerse con la instalación de la colección Thyssen en el Palacio de Villahermosa y la creación del Centro de Arte Reina Sofía.

Además del Palacio Real y de los edificios que adornan el Prado, el siglo XVIII dejó en Madrid otras construcciones como San Francisco el Grande, los palacios de Liria y de Buenavista, la Casa de la Aduana, actual Ministerio de Hacienda o la Casa de Correos, actual sede de la Presidencia de la Comunidad de Madrid. Paradigma del Madrid dieciochesco es la Puerta de Alcalá, que se convirtió en uno de los símbolos de la capital. Ramón Gómez de la Serna dio una bella definición de este monumento que en tiempos de Carlos III señalaba el límite Este de la ciudad. La Puerta de Alcalá, decía Ramón, es «la percha de cascos guerreros por donde enhebra su hilo blanco y oro el alba».

El crecimiento demográfico de Madrid durante el siglo XIX provocó el ensanche de la ciudad y dio lugar al surgimiento de grandes obras arquitectónicas destinadas a albergar a instituciones del Estado como el Congreso de los Diputados, el Banco de España, la Biblioteca Nacional, la Bolsa de Comercio, el Teatro Real o el Palacio de Comunicaciones. Se construyeron también las sedes de los más importantes bancos, las estaciones del Norte, de Delicias y de Atocha, el Ministerio de Fomento, hoy de Agricultura, los grandes hoteles Ritz y Palace, así como numerosos palacios entre los que debe destacarse el del Marqués de Salamanca, el político y financiero que dio nombre al barrio del Ensanche de Madrid.

El lujo y el boato del Madrid de la Restauración contrastaba fuertemente con la visión que de sus barrios bajos daba el más autorizado testigo de la época, don Benito Pérez Galdós. En su *Fortunata y Jacinta* la esposa de Juanito Santa Cruz acompaña a aquella caritativa dama, doña Guillermina Pacheco, «Virgen y fundadora», dice Galdós. Y ve por sí misma la miseria y el hacinamiento de las corralas de las calles que, desde la Plaza del Progreso —«*del Pogreso pabajo,* se decía castizamente hasta no hace mucho tiempo— descienden hacia el río.

## *Capital de la gloria*

El Madrid del siglo XIX creció hacia el Oeste y hacia el Este. El del XX, hacia el Sur y hacia el Norte. Durante la Guerra Civil, Madrid alcanzó una nueva capitalidad. Hemingway la llamó «la capital del mundo»; Rafael Alberti, «capital de la gloria», porque fue paradigma mundial de la resistencia antifascista. Al terminar la guerra, el poeta Dámaso Alonso pudo escribir que era «una ciudad de un millón de cadáveres, según las últimas estadísticas». Desde entonces, creció desmesurada y caóticamente y su área metropolitana cuadriplicó su población en pocos años. Es una historia dramática que enlaza en nuestros días con los problemas de marginación propios de las grandes urbes.

Madrid no se limitó a crecer hacia los cuatro puntos cardinales. Creció también hacia arriba. El primer rascacielos que se construyó en la ciudad fue el edificio de la Telefónica, a finales de los años veinte, en lo que Gómez de la Serna llamó la «porvenirista» Gran Vía. No se debieron de dar mucha cuenta los madrileños de que era un rascacielos, porque cuando años después se construyó el Edificio España en la Plaza de este nombre, la gente empezó a llamarle «El Taco» porque decían que quien veía por primera vez su imponente fábrica soltaba un taco. Después surgió la Torre de Madrid, más alta aún y, en la Castellana, un modesto Manhattan con algunos bellos edificos como el del BBV, o las torres que llevan los nombres de Europa, Windsor o Picasso.

«Sólo Madrid es Corte», se decía en épocas

clásicas, para expresar de forma inequívoca la capitalidad de Madrid. También se afirmaba que «Madrid sólo es Corte» para indicar que sin la Corte Madrid no sería nada. Por otra parte, sin embargo, desde tiempos antiguos se viene llamando a Madrid «Villa y Corte», como queriendo decir que la Villa fue antes y la Corte se puso después. No hay duda de que la ciudad debe su importancia histórica y actual al hecho de la capitalidad. Pero también es cierto que el Madrid oficial ha ido perdiendo importancia relativa en la vida del Madrid-ciudad. De ser una ciudad de funcionarios, pasó a convertirse en épocas recientes en un gran centro industrial y comercial, de una industria y de un comercio no destinados a ser ya, como en el pasado, diríamos para entendernos, «proveedores de la Real Casa».

La vida política, claro está, sigue teniendo su centro en Madrid, y la política, que algún ingenio ha llamado «el sector cuaternario», sigue movilizando a mucha gente y moviendo mucho dinero. En el siglo XVI el llamado Mentidero de Madrid estaba situado en las gradas del Convento de San Felipe, en lo que es hoy la Puerta del Sol. Tan sagaz debía de ser la gente que lo frecuentaba que se decía que las noticias llegaban al mentidero antes de que se produjesen los hechos que las originaban.

El Convento de San Felipe desapareció y hoy el mentidero de Madrid se ha dispersado por toda la ciudad. Está no sólo en los centros oficiales o en las redacciones de los medios informativos sino también en los restaurantes donde se celebran comidas políticas o en las tertulias de viejo y nuevo cuño, radiadas o televisadas algunas de ellas, que propagan las noticias y rumores del día. Se podría construir toda una teoría sobre las comidas de políticos con políticos o de políticos con periodistas. Las cenas suelen tener un carácter más privado y personal. Durante la comida se trabaja, tanto si el motivo de celebrarla es la política como si son los negocios. Que Madrid sigue manteniendo cierto carácter «musulmán» se demuestra en el hecho de que se considera de mal gusto abordar inmediatamente la cuestión sobre la que los comensales están llamados a discutir. Hay que hacer largos prólogos sobre la situación política, sobre la última exposición que se ha visto o sobre el tiempo que está haciendo antes de abordar el «orden del día» de la comida. A mí me ha ocurrido comer con una persona que quería encargarme un trabajo editorial o periodístico y hablar de todo menos del asunto que nos reunía hasta que, llegada la hora del café, me hacía rápidamente la propuesta. Por término medio, se puede calcular que la mitad del tiempo que se dedica a cualquier cuestión debe estar reservado para estos corteses y a veces desesperantes prólogos.

*Teoría de la tertulia*

Una «teoría de la comida» no sería nada en comparación con lo que podría llegar a ser una «teoría de la tertulia». Se ha intentado definir esta inmemorial institución española que siempre tuvo en Madrid su más importante sede como «una reunión de hombres sin propósito ni objetivo alguno». Cuando un grupo de personas se reúne para hacer algo concreto, el resultado puede ser un partido político, un negocio o una asociación de carácter deportivo o recreativo. Cuando se juntan para no hacer absolutamente nada, eso es una tertulia. No persigue otro fin que el de cultivar el puro placer de la conversación; pero, para ser una verdadera tertulia y no sólo una esporádica reunión, debe cumplir ciertas reglas impuestas por una venerable aunque no escrita tradición. Debe existir una decisión al menos tácita de constituirse en tertulia. El tiempo y lugar de reunión deben ser fijos. Los contertulios o tertulianos deben sentarse preferentemente en el mismo sitio, alrededor de la mesa del café. La conversación debe ser general y no están bien vistos los apartes. Y algunos teóricos añaden algunas reglas más, entre ellas la de que se tenga licencia para hablar mal de los contertulios ausentes. Es la manera, dicen, de que nadie falte a la cita ni se levante antes de que la tertulia termine.

Una breve historia de la tertulia literaria debería recordar a don Nicolás Fernández de Moratín, que fundó la primera de ellas en la Fonda de San Sebastián. Por el Café del Príncipe, más comúnmente llamado «El

Parnasillo», pasaron escritores, poetas y artistas románticos como Larra, Espronceda, Zorrilla, los Madrazo, Hartzenbusch, García Gutiérrez o don Ramón de Campoamor. Desde entonces no ha podido concebirse la vida artística y literaria de Madrid sin la existencia de las tertulias. Han pasado a la historia cultural lugares como el Café del Sólito, el Café de Venecia o La Fontana de Oro y, más tarde, El Gato Negro, el Universal, el Levante, Fornos o el Café de Madrid, donde Azorín dio nombre a la Generación del 98. Ramón Gómez de la Serna, por su parte, hizo famosa la tertulia de «la sagrada cripta» de Pombo.

En nuestros días, después de una relativa decadencia, la tertulia ha vuelto a resurgir en Madrid. Muchos de los viejos cafés desaparecieron, pero quedan aún algunos de los que tuvieron y tienen tertulias ilustres, como el Comercial y el Gijón, que ha cumplido ya con creces un siglo de existencia. Se observa la tendencia de trasladar las tertulias a la hora de la cena, debido a las ocupaciones que los contertulios suelen tener a la hora del café. Dará una idea de la importancia que la tertulia ha tenido en la vida cultural de Madrid el hecho de que fue precisamente en una tertulia, la de la Granja El Henar, donde el filósofo Ortega y Gasset fundó la Revista de Occidente. También el Ateneo, institución fundada en la primera mitad del siglo XIX y de gran influencia en la vida literaria y política del país, contó siempre con importantes tertulias en su famosa Cacharrería. Y de las tertulias de Madrid surgió en buena medida la floración literaria del primer tercio de nuestro siglo que se llamó «la Edad de Plata» de la literatura española. La institución de la tertulia tuvo grandes detractores, que señalaban la inutilidad de la charla de café. Sus defensores decían que esa inutilidad era precisamente lo que permitía el más fructífero intercambio. De un intelectual que se negaba a acudir a las tertulias «a perder el tiempo», decían sus contemporáneos: «le falta café».

Contaba Ramón Gómez de la Serna en uno de sus libros que, en una ocasión, mientras él contemplaba la estatua de Calderón de la Barca en la Plaza de Santa Ana, se le acercó un hombre y le preguntó: «¿Quiere usted que le recite unos versos de este señor?» El pueblo de Madrid supo siempre acoger y comprender a sus escritores y a sus artistas. Quizá no sea Madrid una ciudad muy leída, pero es una ciudad muy escrita. El lenguaje popular influyó en la obra de los literatos de todas las épocas y, al mismo tiempo, se vio influido por ella. No se entendería el estilo barroco de Francisco de Quevedo, con sus atrevidos circunloquios, sin tener en cuenta que el lenguaje del Madrid de su tiempo le dio la materia prima de su prosa. Tampoco se explicarían sin la referencia al lenguaje vivo de la calle las comedias de Lope, de Calderón o de Tirso de Molina, las obras de los Moratines, los artículos de Larra, las novelas de Galdós o la extraordinaria trilogía que don Pío Baroja dedicó a los barrios bajos madrileños. Lo mismo podría decirse de algunas de las mejores obras teatrales de don Ramón María del Valle Inclán o, para venir a nuestra época, de las novelas de Camilo José Cela, Juan García Hortelano, Francisco Umbral y otros muchos escritores de hoy.

La cultura de Madrid no fue nunca cultura de torre de marfil. Tuvo siempre mucho de cultura oral, la cultura de ágora de los pueblos del Sur. Hasta a los filósofos inspiró la vida urbana de Madrid. El pensador Ortega y Gasset contaba la inquietud filosófica que le proporcionaba oír en el tranvía la voz del cobrador gritando: «¡Cuatro Caminos!», al llegar a la plaza de este nombre, porque esto le hacía darse cuenta de la variedad de soluciones que se ofrecían al problema filosófico que por entonces le preocupaba. «¡Y todo por los diez céntimos que costaba el trayecto!», comentaba don José.

*El Madrid ateniense*

Ortega es un representante señero de la generación ilustrada del Madrid del primer tercio de siglo. El Madrid de la generación de poetas y escritores, de artistas y también de científicos que tuvo su centro en instituciones como la Junta para la Ampliación de Estudios que presidía don Santiago Ramón y Cajal y la Residencia de Estudiantes que de ella surgió. Ese «Madrid ateniense», según expresión de Ramón María del Valle Inclán, estaba situado en los Altos del Hipódromo que Juan Ramón Jiménez bautizaría después con el nombre Colina de los Chopos. Es el espacio comprendido entre el Museo de Ciencias Naturales en la Castellana y la calle Serrano, sede actualmente del Consejo Superior de Investigaciones Científicas, organismo sucesor de la Junta después de la Guerra Civil.

La Residencia de Estudiantes, creada por Alberto Jiménez Fraud, siguiendo las directrices pedagógicas de la Institución Libre de Enseñanza y de su fundador, don Francisco Giner de los Ríos, fue el punto de encuentro de toda una generación de intelectuales. En la «Resi», como la llamaban, vivieron y se formaron Federico García Lorca, Salvador Dalí, Luis Buñuel, Jorge Guillén, Severo Ochoa, Grande Covián y con ellos centenares de estudiantes de Medicina, Arquitectura, Ingeniería. Derecho, Letras o Música. Es impresionante leer ahora la lista de los conferenciantes españoles y extranjeros que acudieron a la cátedra de la Residencia entre 1915 y 1936. Allí estuvieron junto a Ortega,

Unamuno, Menéndez Pidal, García Morente o Torres Quevedo, conferenciantes extranjeros como Madame Curie, Albert Einstein, Bergson, Keynes, Chesterton, Claudel, Valery, y músicos como Maurice Ravel o Igor Strawinsky. En años recientes, el Consejo de Investigaciones Científicas ha reemprendido la recuperación de lo que la Residencia significó para la cultura española, desarrollando un amplio programa de actividades literarias, artísticas y científicas.

La vida cultural de Madrid es actualmente muy intensa, tanto por lo que se refiere al número y calidad de las exposiciones, conciertos o representaciones teatrales como por las innumerables «convocatorias» de actos culturales que cada día publican los periódicos. Los interesados por la cultura tienen donde elegir y los cronistas no dan abasto a ocuparse de las conferencias, los coloquios, los homenajes o las presentaciones de libros que ofrece la agenda de Madrid. La conferencia, en otro tiempo muy prestigiosa, ha dado paso a coloquios y mesas redondas en los que intervienen varias personas que suelen tomarse menos trabajo que el tradicional conferenciante en preparar lo que van a decir. Se limitan a hablar durante cinco minutos uno tras otro y, después, el moderador, que aún viene menos preparado que los ponentes, da la palabra a las personas del público que quieren intervenir. Siempre hay alguien que dirige alguna pregunta a los de la mesa, pero muchos de los intervinientes interpretan la invitación al coloquio como la ocasión que les permite soltar interminables discursos que, a menudo, tienen poco que ver con el asunto tratado.

Pero yo no conozco nada más hondamente madrileño que las presentaciones de libros. Por lo general, la casa editora no se limita a pedirle a una persona, un crítico literario por ejemplo, que presente el libro, sino que, para darle más realce, llama a varias que toman la palabra una tras otra. Normalmente los presentadores hacen grandes elogios del libro presentado y de su autor, aunque también ha sucedido alguna vez que el presentador haya puesto, como se dice, de vuelta y media la obra del autor que, por compromiso y a regañadientes, aceptó presentar. El público de estos actos permanece en pie, por lo general, ganándose a pulso la copa y el canapé (o los «fritos» si el cóctel es de lujo), que el editor ofrece. Madrid es una ciudad-escaparate donde se presentan, no sólo libros, sino todo lo humanamente presentable, y que se conoce al dedillo la significación de las presencias y de las ausencias. Frases como «hay que estar», «tengo que ir», «no puedo faltar», o bien «yo no voy a eso», «a mí no me verán por ahí», son comentarios que preceden el acontecimiento entre los conocedores de la vida madrileña.

*¿Dónde está el casticismo?*

Capítulo aparte es el de cultura popular. En la imaginación de los españoles, Madrid está identificada con un cierto casticismo. La verdad es que habría que salir a la calle con un candil para encontrar lo que Madrid tiene todavía de castizo. Aún se tropezaría uno, a lo largo del año, con alguna muchacha vestida de maja, alguna abuela con mantón de Manila o al último chulapo que habiendo sacado del último baúl la gorrita a cuadros y el pañuelo, se hubiera ido a las Vistillas a marcarse un chotis «en un ladrillo». Todavía se puede elegir entre rosquillas «listas» y rosquillas «tontas»; y, todavía, algunas muchachas, que ya no son modistillas, acuden a San Antonio de la Florida para poner la mano en el canastillo de los alfileres y saber así cuántos novios, uno por alfiler prendido, les van a salir.

Esto y no mucho más es lo que queda del casticismo «del Foro», para decirlo en castizo, y hay quien sospecha que nunca existió y alguien debió de inventárselo. Se ha dicho, por ejemplo, que esa forma de hablar de Madrid, ahuecando la voz, fue una invención de un escritor alicantino, don Carlos Arniches. El alcalde Tierno Galván, que de esto debía de entender, decía que esa forma de hablar de Madrid procedía de la Sierra. Nunca he podido comprobar la teoría del viejo profesor, pero la verdad es que es casi imposible hoy encontrar a alguien que hable de «la *señá* Rita» o que diga «Julián que *tiés* madre». La única afirmación tradicional, madrileña que hasta hoy sigue vigente es la que don Ricardo de la Vega puso en boca de don

Hilarión: «Hoy las ciencias adelantan que es una barbaridad».

Hoy, Juanito Santa Cruz no se enamoraría ya de Fortunata por haberla visto sorbiendo un huevo en el portal de su casa; pero se quedaría quizá prendado de ella por encontrársela en el taller, la oficina o la redacción de un periódico comiéndose una *pizza* que le había llevado en moto un mensajero. El costumbrista de nuestros días ya no encontraría su campo de acción en la Pradera de San Isidro, en la Florida o en la calle de la Paloma. Tendría que ir a comidas políticas, ruedas de prensa, presentaciones de libros, inauguraciones de exposiciones, estrenos de teatro o de cine, recepciones académicas, conciertos de rock duro... Quizá descubriría que, aunque ya no le queda a Madrid casi nada de casticismo, todo acaba siendo castizo en Madrid.

El lenguaje que llaman *cheli* y que muchos identifican con Madrid no es propiamente madrileño o *madrilati,* aunque haya encontrado formas y expresiones peculiares en algunos barrios y algunos ambientes de la capital. El *cheli* está compuesto de palabras de muy variadas procedencias. Hay voces que suenan a caló gitano como *camelar* por querer; otras que resultan de españolizar palabras inglesas, particularmente abundantes en el mundo de la droga, como *over*, sobredosis. El autor de *El Tocho Cheli*, diccionario o *naquelario* de esta *parla,* José Ramón Julio Martínez Márquez, más conocido como Ramoncín, es, además de cantautor, actor y presentador de programas de televisión, una autoridad en esta jerga o jerigonza. Quien quiera consultar su diccionario se enterará de que un avión es un *palco*; el futbolista es el *calzonga*; la duda es *solisombra*; el cementerio es la *gusanera*; el cura es el *corona*, y el obispo, el *recura*; a un pesimista se le llama *agonías*; *matusa* es un anciano; *la buena* es la esposa legítima. El *forata* es el forastero, el *camata* es el camarero y al intelectual se le llama el *carburata*. En este *chamulle*, a Madrid se la llama *La Gatera*.

Decía Francisco Umbral que siempre vio a Madrid «o bien organizarse en Museo del Prado o desorganizarse en Rastro». Así, el Rastro viene a ser «un Prado al revés». Este *Marché aux Puces* madrileño que hoy aparece en todas las guías internacionales es un lugar muy literario. Quevedo habló de este barrio situado entonces en las afueras de la ciudad. Galdós lo denominó «academia del despojo social» y Ramón Gómez de la Serna le dedicó uno de sus mejores libros. Allí se venden, decía Ramón, navajas de afeitar melladas, atroces, medio abiertas, homicidas; botones de Maragato, de Teresiana, de mujer, de niño, botonaduras incompletas de pechera o de guerrera de húsar; cacharros de loza medio rotos, escupideras, palanganas, orinales risibles como sombreros de copa, lentes y gafas que tienen la mirada en blanco, perdida y vidriosa de la muerte y de las que uno se pregunta si a través de ellas no se verá algo de lo que veía el difunto.

El Rastro ha sufrido una gran transformación en los últimos años y se ha ampliado considerablemente, desbordando su primitivo recinto. Hoy no se va al Rastro sólo a comprar cosas viejas, sino toda clase de objetos más propios de unos almacenes populares que de un zoco de desechos urbanos. Hay muchos vendedores jóvenes y entre ellos no pocos extranjeros. Ya no se venden allí aquellos deliciosos juguetes populares como «don Nicanor tocando el tambor», las «criaturitas sin madre» o la maravilla de la artesanía popular que era el «Currito de moda». La parte más propiamente Rastro del barrio está en las calles que bajan paralelas a la derecha de la Ribera de Curtidores.

*El Entierro de la Sardina*

En el barrio del Rastro sigue existiendo una antigua cofradía que todos los años, el Miércoles de Ceniza, celebra la famosísima procesión de El Entierro de la Sardina. No ha dejado de celebrarse esta fiesta desde que la describió, en uno de sus artículos, don Ramón de Mesonero Romanos. Vestidos con capa y sombrero de copa los cofrades «si las lágrimas no nos lo impiden», como dice el programa, se trasladan en procesión a la Fuente de la Teja en la Casa de Campo. Allí, entre lastimeros y humorísticos ayes, entierran a la Sardina. El buen humor de los cofrades llega al extremo de que algunos comerciantes que forman parte de la Hermandad ponen en su puerta, el día del Entierro, el cartel de «Cerrado por Defunción».

Los momentos cumbres del ambiente popular de Madrid hay que encontrarlos o bien en alguna gran tarde de fútbol o en una gran tarde de toros durante la Feria de San Isidro. Si hubiera que hacer un símil político con los tres equipos más importantes de la ciudad, podríamos decir que el Real Madrid es el gobierno; el Atlético, la oposición, y que el Rayo Vallecano tiene algo de equipo extraparlamentario. Un derby entre los dos grandes madrileños moviliza a la ciudad como lo hace también la victoria de cualquiera de ellos sobre algún «eterno rival» de la Liga española o sobre algún gran equipo en competiciones internacionales. Esa noche, la Cibeles, que según dicen está hecha de mármol de Montesclaros, se entera por los gritos de los hinchas y los bocinazos de los coches que recorren arriba y abajo la Castellana de lo que ha ocurrido en el estadio.

La calle taurina de Madrid es la calle de

Alcalá, y cuando hay corrida, sobre todo en Feria, hay que ver el río de gente que baja desde Manuel Becerra hacia las Ventas. Las tres plazas que ha tenido Madrid desde 1749 han estado a lo largo de la calle de Alcalá. La primera, construida en 1749, estuvo a la altura de lo que es hoy la Plaza de la Independencia. Allí torearon lidiadores como Curro Cúchares, Lagartijo y Frascuelo. Los taurinos cuentan aún la anécdota que sucedió en esta plaza y de la que fue protagonista el rey Amadeo I. Según se asegura, el rey cosechó allí el único aplauso de su reinado, cuando, al arrojar desde el palco la llave de los toriles, tuvo la fortuna de que cayera directamente en el sombrero del alguacilillo. La segunda plaza, inaugurada en 1874, estaba en el lugar donde actualmente se encuentra el Palacio de los Deportes, en la Plaza Dalí. Fue el escenario de lo que se llamó la Edad de Oro del Toreo con lidiadores como Rafael Gómez, «El Gallo», Vicente Pastor, «Bombita», «Machaquito» y, sobre todo, Joselito y Belmonte. La plaza actual, la Monumental de las Ventas, se inauguró en 1931. Se la llama la «Cátedra del Toreo» y sólo la

Real Maestranza de Sevilla se atreve a disputarle la capitalidad mundial de la Tauromaquia.

## *Historia de los atascos*

Madrid solía ser una «ciudad alegre y confiada» que casi siempre estaba «encantada de la vida». Hoy no lo está tanto, y quizá la mayor causa de su disgusto sea la de vivir agobiada por la circulación de vehículos. En todas las ciudades hay horas punta; en Madrid puede ser hora punta a todas horas. En una ciudad que al mismo tiempo madruga y trasnocha puede uno encontrarse atascos en cualquier momento del día y, en los fines de semana, de la noche.

Según dicen los historiadores, tal cosa no es nueva. Ya en 1566, cinco años después de que Felipe II hiciera de Madrid su capital, la gente se quejaba del gran número de coches que circulaban por las calles de Madrid y especialmente por la Puerta del Sol. Felipe V tomó medidas contra el exceso de la circulación y el Conde de Floridablanca tuvo el valor, que no ha tenido ningún alcalde después, de prohibir, en 1787, que los carruajes entraran en Madrid y ordenó que quedaran aparcados a trescientas veinticinco varas de las puerta de la ciudad. Se conoce que a los madrileños les gustó siempre circular en coche, fuera éste de caballos o de motor de explosión, por las calles de su ciudad. Un escritor clásico contaba la anécdota de un caballero que, no pudiendo salir de su casa, había mandado colocar una caja de coche en el salón y allí se pasaba el día, figurándose que se paseaba por las calles de Madrid.

Nadie lo diría viendo el agobiado ambiente de la capital, pero la verdad es que Madrid está entre las primeras ciudades de Europa y del mundo por lo que se refiere al número y extensión de jardines y parques. En una tierra mesetaria y casi desértica, regada por un menguado río, tanto verde tiene algo de milagro nada sobrenatural, un hecho que muestra la tenacidad que ha exigido la «invención» de Madrid. Dentro del perímetro de la ciudad hay, en el Monte del Pardo, bosques poblados de ciervos o jabalíes, en torno a un palacio que se edificó sobre un pabellón de caza construido en el siglo XV. La Casa de Campo, de casi dos mil hectáreas de extensión, fue creada por Felipe II como lugar de caza, y actualmente es pulmón de la ciudad y lugar de esparcimiento para los madrileños. Entre los jardines más antiguos de Madrid están la Dehesa de la Villa, junto a la Ciudad Universitaria, el Parque del Oeste, el Campo del Moro con tejos, robles, sequoyas y otros árboles más que centenarios o el delicioso jardín que lleva el nombre de El Capricho y que fue construido en el siglo XVIII por los duques de Osuna. En años recientes se han hecho nuevos parques en la zona Este y Sur de la ciudad.

Pero el más madrileño de los parques de la capital es sin duda el Retiro o, para llamarlo por su regio nombre, el Buen Retiro. Es el jardín del Palacio Real que Felipe IV construyó en el siglo XVII y que fue replantado y mejorado en época de Fernando VII, cuando se hizo la Casa de Fieras. Don Ángel Fernández de los Ríos, en su famosa *Guía de Madrid,* transcribe un curioso «Aviso al público para el paseo a pie en los jardines del Real Retiro» que aún estaba en vigor a mediados del siglo XIX. Decía entre otras cosas:

Los hombres han de presentarse peinados, sin gorro, red, montera ni cosa que desdiga del traje decente que se usa. Las mujeres, hasta la puerta del jardín, podrán traer el manto o mantilla, pero para entrar tendrán que plegarlos, dejarlos allí o ponerlos en sus bolsillos, en inteligencia de no contradecir por motivo alguno esta norma, pues a la que se le viese en el hombro o la cintura se le quitará por los guardas reales del Sitio sin que sirva de disculpa el ambiente u otra razón.

Ramón Gómez de la Serna decía que los madrileños veían en los jardines del Buen Retiro una imagen de las selvas de América y que los emigrantes que se disponían a cruzar el charco, se entrenaban remando en el estanque del Retiro y les decían a sus familiares: «Figuraos así dos meses». Termino evocando a Gómez de la Serna por haber sido uno de los «inventores» de Madrid, no sólo porque describió la ciudad como era sino también «como si fuese tal como será algún día». Cada generación de madrileños, y madrileños pueden serlo también los forasteros, tiene la obligación de inventarse de nuevo el estupendo invento que es Madrid.

# Índice

| | |
|---|---|
| ¿Un origen divino? | 7 |
| Madrid, castillo famoso | 10 |
| El Callejón del Gato | 13 |
| Patria de todos | 17 |
| Tierra de promisión | 22 |
| El Diablo Cojuelo | 26 |
| Devociones madrileñas | 30 |
| Hallada en la muralla | 34 |
| Con resucitadas de Atocha | 37 |
| Un rústico Patrón | 40 |
| Corte y pueblo | 45 |
| La nostalgia del mar | 52 |
| «Navegable a caballo» | 56 |
| «Son mis amores reales» | 60 |
| El Madrid ilustrado | 63 |
| Capital de la gloria | 68 |
| Teoría de la tertulia | 72 |
| El Madrid ateniense | 77 |
| ¿Dónde está el casticismo? | 81 |
| El Entierro de la Sardina | 86 |
| Historia de los atascos | 89 |

Últimos títulos de la colección:

49. Francisco Calvo Serraller: *El Greco*
50. Alfonso E. Pérez Sánchez: *Ribera*
51. Julián Gállego: *Velázquez*
52. Enrique Valdivieso: *Murillo*
53. Valeriano Bozal: *Goya*
54. Juan Antonio Ramírez: *Picasso*
55. Agustín Sánchez Vidal: *Dalí*
56. Francisco Calvo Serraller: *Breve historia del Museo del Prado*
57. Ignacio Aldecoa: *El corazón y otros frutos amargos*
58. Eduardo Galeano: *Mujeres*
59. Dashiell Hammett: *Una mujer en la oscuridad*
60. José Deleito y Piñuela: *El desenfreno erótico*
61. Mariano José de Larra: *Artículos*
62. Ernesto Sábato: *El dragón y la princesa*
63. Anónimo: *La dama de Escalot*
64. César Vidal Manzanares: *Los manuscritos del mar Muerto*
65. Antonio Machado: *Antología poética*
66. Augusto Monterroso: *El eclipse y otros cuentos*
67. Franz Kafka: *En la colonia penitenciaria*
68. A. Rey / F. Sevilla: *Cervantes, vida y literatura*
69. Juan Perucho: *Las sombras del mundo (Cuentos)*
70. Rubén Darío: *Verónica y otros cuentos fantásticos*
71. R. L. Stevenson: *El diablo de la botella*
72. Sigmund Freud: *Los sueños*
73. Miguel de Unamuno: *San Manuel Bueno, mártir*
74. Roberto Arlt: *Noche terrible – Una tarde de domingo*
75. Anton Chejov: *La corista – El hombre enfundado – Enemigo – La señora del perrito*
76. Luis Carandell: *Madrid*
77. Manuel Vázquez Montalbán: *Cuarteto*
78. Leopoldo Lugones: *El vaso de alabastro y otros cuentos*
79. Hermann Hesse: *Alma infantil – Mes de julio*
80. Antonio Guzmán Guerra: *Dioses y héroes de la mitología griega*